# JUVENTUD

# ACUMULADA

ENRIQUE BARILLAS

# CONTENIDO

# PALABRAS DEL AUTOR

EN EL PALACIO DE ARTES DE SANTA TECLA, EXPONÍAN EN SUS INSTALACIONES LA VIDA Y OBRA DE **PEDRO GEOFFROY RIVAS** (SANTA ANA, 16 DE SEPTIEMBRE 1908 - SAN SALVADOR, 10 DE NOVIEMBRE 1979) FUE UN POETA, ANTROPÓLOGO Y LINGÜISTA SALVADOREÑO.. ME GUSTÓ LA PALABRA CON LA QUE DON PEDRO DESCRIBÍA SU VIDA: ¡DISPARATE! CREO MI VIDA HA TENIDO DECISIONES DISPARATADAS: DEJAR MI PROFESIÓN DE CONTADOR POR LA DE PREDICADOR DEL EVANGELIO. EL APÓSTOL PABLO ESCRIBIÓ QUE EL EVANGELIO ERA **LOCURA:** "Pues ya que en la sabiduría de Dios, el mundo no conoció a Dios mediante la sabiduría, agradó a Dios salvar a los creyentes por la **LOCURA** de la predicación." 1 Corintios 1:21

HABIENDO VIVIDO SEIS DÉCADAS HE TENIDO LA OPORTUNIDAD DE SABOREAR LAS DELICIAS DE LA VIDA: INFANCIA, JUVENTUD, ADULTEZ...COMENZANDO MI JUVENTUD ACUMULADA -61-.

ENTRE DECISIONES DISPARATADAS Y ACERTADAS APARECE JUVENTUD ACUMULADA. TIENE QUE VER LA ULTIMA ETAPA DEL HOMO SAPIENS SOBRE LA FAZ DE LA TIERRA.

MERLIOT, SANTA TECLA, ENERO 2012

# 1. JUVENTUD ACUMULADA: CONCEPTO

¿Cuántos años tiene, me dijo la mamá de hermana Irma de Mestizo, -Fide- que había venido de Nueva York. Ella tiene 90 años. 60 le contesté. ¡No deje que le digan viejito. Usted es JUVENTUD ACUMULADA. El concepto de viejito es de alguien inservible, decrepito, arruinado, acabado que hay que desechar. Este concepto hay que cambiarlo a una vida útil, y ejemplar.

Le acabamos de celebrar los 92 años a mi hermana Delia, que es la mayor de mis 13 hermanos. Esta clarita de su mente. Recuerda todo, desde su infancia. Igual Marina y Pepe que pasan los 80 años.

Si hay alguna edad mejor que otra es la Tercera Edad: Ya puedes ver lo que se hizo en la vida. Puedes contemplar hijos, nietos. Y alguna infraestructura que se logró hacer en vida.

Los que gobiernan al mundo son los adultos mayores: El Papa. Los cardenales pasan de 75 años. Los que integran el Consejo de Seguridad de Las Naciones Unidas son adultos mayores. Los presidentes de todas las naciones de la Tierra tienen que ser personas de experiencia.

En los restaurantes no ponen a servir a niños. Los que sirven son adultos.

Hay que disfrutar cada etapa de la vida: infancia, adolescencia, juventud, adulto. Cada etapa tiene sus características especiales. ¡Y hay disfrutarlas¡

El Alma y el espíritu del homo sapiens no envejecen.

# 2. JUVENTUD ACUMULADA: ICONOS MUNDIALES

Ludwig Van Bethoven      Michel Angeló Buonarroti

Ludwig van Beethoven

Albert Einstein          Tomás Alva Edison

# 3. JUVENTUD ACUMULADA: GOBIERNAN EL MUNDO

Srio. Gral ONU: Bak Ki Moon          OEA: Miguel Insulza

Ratzinger. Pope

María Isabel RodrígueZ

Ministra de Salud. ES.

# 4. JUVENTUD ACUMULADA: RICOS REALMENTE

REALMENTE SOMOS RICOS LOS CINCUENTONES...

Plata en los cabellos

Oro en los dientes

Piedras en los riñones.

Azúcar en la sangre

Depósitos de Aceite y Grasa en cadera

Plomo en los pies.

Hierro en las articulaciones

y una fuente inagotable de Gas Natural.

¡Nunca se pensó que a partir de los 40

se pudiera llegar a tener tanta riqueza!

un saludo a todos mis amigos "los ricos"

Hay que agregar el cúmulo de conocimientos embodegados en nuestro cerebro: imágenes, personas, historias, habilidades manuales, oficios. Habilidades, destrezas, ideas. Miles de millones de neuronas reteniendo información.

# 5. JUVENTUD ACUMULADA: ELEVADA A LA QUINTA POTENCIA

Vinimos en excursión a los planes de Renderos a  San Salvador. a una celebración católica. Era una misa concelebrada. Fue solemne. 1960

Volví a escanear la foto. Hoy la pude ampliar para ver mejor los rostros. Allí está mi abuela Fidela. Mamá Ángela. No quizo salir en la foto. Se hizo a un lado.Recordar es volver a vivir

¿Para que estoy aqui en la tierra?según Rick Warren, escritor del libro best seller " vida con propósico ", el promedio de vida del homo sapiens es de 24 550 días. En mi cuenta personal de vida tengo 61 años. lo que significa que me quedan unos pocos días de vida. He vivido 22 265 desde que me dieron el banderillazo de salida, el primero de julio de 1950 en San Pedro Nonualco. Me quedan unos 9 años para llegar a los 70 años. Estoy en el sparring de mi vida. Será en el tiempo de Dios la partida. Nacer, crecer, reproducirse y morir .Me falta la última etapa.: pasar a la otra. El barquero me está esperando para pasarme el rio

# 6. JUVENTUD ACUMULADA: TU DÍA

El Día Internacional de las Personas de Edad se celebra el 1 de octubre. Desde hace unos pocos años, se discute cambiar la fecha del 1 de octubre al 13 de diciembre, pero no parece que vaya a efectuarse el cambio.

En el mes de la Tercera Edad.

En El Salvador, según registros de la Fundación Salvadoreña de la Tercera Edad (FUSATE), hay una población de 600 mil personas de la Tercera Edad, sin embargo en el país no existen políticas gubernamentales que garanticen su vida plena.

FUSATE y sus más de 100 mil afiliados iniciaron este viernes 4 de enero, las jornadas de celebración del Mes de la Tercera Edad, con una misa en la Iglesia María Auxiliadora (Don Rua), en esta capital.

De acuerdo a los organizadores, darle la oportunidad a este sector de la población para desarrollarse, debería ser el principal interés de aquellos que deseen ayudarles, y no limitarse a dar celebraciones a los ancianos en este mes en el cual se recuerda su fecha.

Las personas que asistieron a la misa, además desarrollaron una pastorela, en la cual demostraron sus dotes artísticos. A la actividad inaugural asistió la Vicepresidenta de la República, Ana Vilma de Escobar, la presidenta de FUSATE, Olga Miranda, y el Ministro de Salud, Guillermo Maza.

Cabe destacar que este sector de la población, uno de sus principales problemas es la falta de acceso a los servicio de salud.

# 7. JUVENTUDA ACUMULADA: TU BIBLIA

JUVENTUD ACUMULADA EN LA BIBLIA:

JOB: Después de esto, Job vivió 140 años y vio a sus hijos y a los hijos de sus hijos, hasta cuatro generaciones.

17 Y murió Job anciano y lleno de años.

Salmo 37:25 Yo he sido joven y he envejecido; pero no he visto a un justo desamparado, ni a sus descendientes mendigando pan.

Salmo 71:9 No me deseches en el tiempo de la vejez; no me desampares cuando mi fuerza se acabe. 18 Aun en la vejez y en las canas, no me desampares, oh Dios, hasta que proclame a la posteridad las proezas de tu brazo, tu poderío a todos los que han de venir.

Salmo 91:14 "Porque en mí ha puesto su amor, yo lo libraré; lo pondré en alto, por cuanto ha conocido mi nombre. 15 El me invocará, y yo le responderé; con él estaré en la angustia. Lo libraré y lo glorificaré; 16 lo saciaré de larga vida y le mostraré mi salvación."

Salmo 92:12 El justo florecerá como la palmera; crecerá alto como el cedro en el Líbano. 13 Plantados estarán en la casa de Jehovah; florecerán en los atrios de nuestro Dios. 14 Aun en la vejez fructificarán. Estarán llenos de savia y frondosos, 15 para anunciar que Jehovah, mi roca, es recto, y que en él no hay injusticia.

Proverbios 17:6 Corona de los ancianos son los hijos de los hijos, y la gloria de los hijos son sus padres.

Proverbios 23:22 Escucha a tu padre, que te engendró; y cuando tu madre envejezca, no la menosprecies.

Lamentaciones 3:22 Por la bondad de Jehová es que no somos consumidos, porque nunca decaen sus misericordias. 23 Nuevas son cada mañana; grande es tu fidelidad.

2 Corintios 4:7 Con todo, tenemos este tesoro en vasos de barro, para que la excelencia del poder sea de Dios, y no de nosotros. 8 Estamos atribulados en todo, pero no angustiados; perplejos, pero no desesperados; 9 perseguidos, pero no desamparados; abatidos, pero no destruidos. 10 Siempre llevamos en el cuerpo la muerte de Jesús por todas partes, para que también en nuestro cuerpo se manifieste la vida de Jesús. 11 Porque nosotros que vivimos, siempre estamos expuestos a muerte por causa de Jesús, para que también la vida de Jesús se manifieste en nuestra carne mortal. 12 De manera que en nosotros actúa la muerte, pero en

vosotros actúa la vida. 13 Sin embargo, tenemos el mismo espíritu de fe, conforme a lo que está escrito: Creí; por lo tanto hablé. Nosotros también creemos; por lo tanto también hablamos, 14 sabiendo que el que resucitó al Señor Jesús también nos resucitará a nosotros con Jesús y nos presentará a su lado juntamente con vosotros. 15 Porque todas estas cosas suceden por causa vuestra para que, mientras aumente la gracia por medio de muchos, abunde la acción de gracias para la gloria de Dios. 16 Por tanto, no desmayamos; más bien, aunque se va desgastando nuestro hombre exterior, el interior, sin embargo, se va renovando de día en día. 17 Porque nuestra momentánea y leve tribulación produce para nosotros un eterno peso de gloria más que incomparable; 18 no fijando nosotros la vista en las cosas que se ven, sino en las que no se ven; porque las que se ven son temporales, mientras que las que no se ven son eternas.

Tito 2:1 Pero habla tú lo que está de acuerdo con la sana doctrina; 2 que los hombres mayores sean sobrios, serios y prudentes, sanos en la fe, en el amor y en la perseverancia. 3 Asimismo, que las mujeres mayores sean reverentes en conducta, no calumniadoras ni esclavas del mucho vino, maestras de lo bueno, 4 de manera que encaminen en la prudencia a las mujeres jóvenes: a que amen a sus maridos y a sus hijos, 5 a que sean prudentes y castas, a que sean buenas amas de casa, a que estén sujetas a sus propios maridos, para que la palabra de Dios no sea desacreditada.

1 Timoteo 5:1 No reprendas con dureza al anciano, sino exhórtale como a padre; a los más jóvenes, como a hermanos; 2 a las ancianas, como a madres; y a las jóvenes, como a hermanas, con toda pureza.

2 Corintios 5:1. De hecho, sabemos que si esta tienda de campaña en que vivimos se deshace, tenemos de Dios un edificio, una casa eterna en el cielo, no construida por manos humanas.[2]Mientras tanto suspiramos, anhelando ser revestidos de nuestra morada celestial,[3] porque cuando seamos revestidos, no se nos hallará desnudos.[4] Realmente, vivimos en esta tienda de campaña, suspirando y agobiados, pues no deseamos ser desvestidos sino revestidos, para que lo mortal sea absorbido por la vida.[5] Es Dios quien nos ha hecho para este fin y nos ha dado su Espíritu como garantía de sus promesas.

# 8  JUVENTUD ACUMULADA: TU SALUD

¿Cuál es la mejor edad para vivirla? No hay una edad mejor que otra. Todas tienen sus ventajas y desventajas. Los niños tienen vacía su mente. Los jóvenes les hacen falta madurez. Los adultos mayores son vehículos con mucho uso. El apóstol Pablo escribió: " De hecho, sabemos que si esta tienda de campaña en que vivimos se deshace, tenemos de Dios un edificio, una casa eterna en el cielo, no construida por manos humanas.[2]Mientras tanto suspiramos, anhelando ser revestidos de nuestra morada celestial,[3] porque cuando seamos revestidos, no se nos hallará desnudos.[4] Realmente, vivimos en esta tienda de campaña, suspirando y agobiados, pues no deseamos ser desvestidos sino revestidos, para que lo mortal sea absorbido por la vida.[5] Es Dios quien nos ha hecho para este fin y nos ha dado su Espíritu como garantía de sus promesas".

Los que conducimos vehículos modelos 70, 80, 90 debemos revisarlos constantemente para saber que piezas se han desgastado más. El mantenimiento oportuno. Asi nuestra salud debe estar en manos del médico para tener una salud inmejorable.

A continuación se expone un cuadro con algunas de las enfermedades más frecuentes durante la tercera edad y cuál es el ejercicio más recomendable si se padece alguna de ellas:

| ENFERMEDAD | EJERCICIO RECOMENDADO | PRECAUCIONES ESPECIALES |
|---|---|---|
| Anemia | Ninguno hasta que se esté curado | No se recomienda practicar ninguna actividad porque se le resta oxígeno al corazón |
| Artrosis | Natación y ciclismo | Si tus articulaciones se ponen rígidas, hinchadas o con dolor, se debe disminuir el ejercicio |
| Asma | Natación | Abrigarse |
| Diabetes | Cualquier deporte, pero es imprescindible comentar a los compañeros tu problema | Tomar carbohidratos y azúcares |
| Hipertensión | Cualquier deporte excepto pesas y ejercicios isométricos | Si se reduce el ritmo cardiaco no se puede controlar la condición de la persona a través del pulso. Es aconsejable consultar al médico |
| Infección | Ninguno hasta que se esté curado | Cualquier ejercicio empeora la infección y retrasa la recuperación |
| Parkinson | Cualquier ejercicio que se crea que se puede realizar | Realizar precalentamiento |
| Enfermedad vascular periférica | Cualquier tipo que mejore la circulación en brazos y piernas | Descansar el miembro afectado si la gangrena o las llagas se agravan |
| Embolia | Cualquier ejercicio que se crea que se puede realizar | No se recomienda utilizar las pesas realizar ejercicios isométricos |

- Accidente Cerebro Vascular. Ictus
- Alteraciones de la Refracción del Ojo. Miopia y otras
- Arterioesclerosis de las Extremidades
- Arterioesclerosis de las Extremidades. Tratamiento
- Artrosis
- Cataratas
- Cataratas. Intervención
- Claudicación Intermitente
- Cuidados del Enfermo de Alzheimer
- Cuidados del Anciano
- Degeneración Macular del Ojo
- Enfermedad de Alzheimer
- Enfermedad de Alzheimer. Tratamiento
- Enfermedad de Parkinson
- Espondilitis Deformante
- Glaucoma. Tensión Ocular
- Hipertrofia Benigna de Próstata
- Inmunización Contra la Gripe
- Malnutrición en el Anciano
- Prostatectomia
- Temblores
- Tromboflebitis
- Vértigo

La **Geriatría** se encarga del cuidado de los enfermos que tienen más de sesenta años. Este cuidado especializado se realiza en colaboración con los médicos de familia o de cabecera.

# 9   JUVENTUD ACUMULADA: TUS 10 MANDAMIENTOS

**1.** Cuidarás tu presentación todos los días.  Vístete bien, arréglate como si fueras a una fiesta.  Qué más fiesta que la vida.

**2.** No te encerrarás en tu casa ni en tu habitación. Nada de jugar al enclaustrado o al preso voluntario. Saldrás a la calle y al campo de paseo. El agua estancada se pudre y la máquina inmóvil se enmohece.

**3.** Amarás al ejercicio físico como a ti mismo. Un rato de gimnasio, una caminata razonable dentro o fuera de casa. Contra inercia, diligencia.

**4.** Evitarás actividades y gestos de viejo derrumbado. La cabeza gacha, la espalda encorvada, los pies arrastrándose. ¡No! Que la gente diga un piropo cuando pasas.

**5.** No hablarás de tu vejez ni te quejarás de tus achaques. Con ello, acabarás por creerte más viejo y más enfermo de lo que en realidad estás. Y te harán el vacío. Nadie quiere estar oyendo historias de
hospital. Deja de autollamarte viejo y considerarte enfermo.

**6.** Cultivarás el optimismo sobre todas las cosas. Al mal tiempo buena cara. Sé positivo en los juicios, ten buen humor en las palabras, sé alegre de rostro, amable en los ademanes. Se tiene la edad que se ejerce. La vejez no es cuestión de años sino un estado de ánimo.

**7.** Serás útil a ti mismo y a los demás. No eres un parásito ni una rama desgajada voluntariamente del árbol de la vida. Bástate hasta donde sea posible y ayuda. Ayuda con una sonrisa, con un consejo, un servicio.

**8.** Trabajarás con tus manos y tu mente. El trabajo es la terapia infalible. Cualquier actitud laboral, intelectual, artística… Medicinas para todos los males, la bendición del trabajo.

**9.** Mantendrás vivas y cordiales las relaciones humanas. Desde luego que las que anudan dentro del hogar, integrándose a todos los miembros de la familia. Ahí tienes la oportunidad de convivir con todas las edades, niños, jóvenes y adultos, el perfecto muestrario de la vida.
Luego ensancharás el corazón a los amigos, con tal que los amigos no sean exclusivamente viejos como tú. Huye del bazar antigüedades.

**10.** No pensarás que todo tiempo pasado fue mejor. Deja de estar condenando a tu mundo y maldiciendo tu momento. Alégrate de que ser parte del mismo y poder ver muchas cosas lindas y nuevas.

¡No te olvides de reír a menudo para mantener la salud!

# 10. JUVENTUD ACUMULADA: DON DE DIOS

Tomado del libro de Billy Graham dedicado a la vejez: "CASI EN CASA"

A la edad de 93 años Billy Graham escribió:" Nunca pensé que viviría hasta esta edad.

Nadie me enseñó cómo debía de vivir los años antes de morir. Ahora soy viejo, créanme, no es fácil. La vejez no es para enclencles. Los dolores y achaques es el tema de conversación de cualquier grupo de ancianos. Sé que me aguarda el cielo y deseo llegar luego no solo por lo bello que es, sino porque que las aflicciones y molestias que me agobian en esta etapa de mi vida se acabarán.

El don de la vejez son los recuerdos. Estos últimos años me han traído el don de la reflexión y observación. Hay recuerdos que vale la pena revivir vez tras vez. Salmo 63: 3-8

6 Cuando me acuerde de ti en mi lecho,

Cuando medite en ti en las vigilias de la noche.


7 Porque has sido mi socorro,

Y así en la sombra de tus alas me regocijaré.


8 Está mi alma apegada a ti;

Tu diestra me ha sostenido.

Hay un gran consuelo disponible cuando pensamos en Dios. Gradualmente me di cuenta que iba envejeciendo. Mi edad media se iba desvaneciendo en la distancia y me acercaba rápidamente a lo años maduros. La vejez definitivamente tiene sus desventajas; sería deshonesto decir lo contrario.

Eclesiastés 12: 5 : Fuerza que declina, visión que falla manos que tiemblan, articulaciones artríticas, olvido, sordera, soledad, . Ya nada funciona muy bien. La única obra de toda su vida de Barzilai para Dios y su pueblo fue en la vejez.

USANDO LA CIBER TECNOLOGÍA PARA LA GLORIA DE DIOS.

VISITE MIS BLOGS Y EDIFÍQUESE:

PARA

http://anecdotariodevida.blogspot.com/

http://sites.google.com/site/federicoernestomebius/

http://federicomebius.blogspot.com/

http://historiadeelsalvador.webs.com/

**ENRIQUE BARILLAS**

**C. Jabalí, Polg. F. No.6**
**Jardines de la Sabana**
**Santa Tela**
**Tells: 22785506**
**barillasenrique@gmail.com**

http://enriquebarillas.webs.com/

**"Que los hombres nos consideren**
**Como servidores de Cristo y**
**Administradores de los**
**MISTERIOS DE DIOS"**
**1 Corintios 4:1**

# *MINI HOJA DE VIDA DE KIKE BARILLAS*

Enrique Barillas, Junto a Rubén Orellana, Presidente de la Asamblea Legislativa de El Salvador. -2006- 2009-y Celestino Palacios, Alcalde Municipal de San Pedro Nonualco.

ENRIQUE BARILLAS

Ejecutivo de C.E.A.D.E.S.,-Conferencia Evangélica de Las Asambleas de Dios de El Salvador - 1988- 1999,Presbítero de Zona para la Para central y Santa Ana; Presidente Comisión Historia, 1990; Tesorero Nacional Jóvenes, 1982- 1986; Secretario Nacional Exploradores de Rey, 1975- 1980; Maestro I.B.B., 1972- 2002; Pastor Local, Colonia España, Mejicanos, 1972- 1987; Contador, egresado de la ENCO –Escuela Nacional de Comercio de San Salvador-, 1969; Egresado de ISUM con Licenciatura en Educación Cristiana, 1978; Directivo Fundador revista Luz y Vida; Directivo  Fundador del Sistema de Protección Ministerial  .Actualmente junto a su familia se congregan en el Templo Cristiano de San Salvador.

Casado con Mercedes Ticas. Ha procreado a Eric Josué-25 años- estudiante de Medicina  en la  Universidad Evangélica y Querubina Elizabeth – 24 años-, estudiante de Ingeniería Industrial en Universidad Nacional de El Salvador.

Familia Barillas Ticas.  1987

Hermano Pablo con familia Barillas Ticas. 2002. Templo Cristiano
San Salvador

Familia Barillas Ticas. Ataco. 2007

**Enrique Barillas**

Nací el 1 de Julio de 1950 en un pueblo de El Salvador: San Pedro Nonualco. En las faldas del volcán Chinchontepec. Mi padre el telegrafista del pueblo y mi madre Ama de casa. Fui al Kindergarten y curse mis 6 años de primaria bajo la tutela de la Santa Madre Iglesia Católica. Siendo el último de 6 hermanos, mis padres ya de edad se esforzaron para que yo cursara 3 años de Plan Básico en el pequeño pueblecito a unos 60 kms. de San Salvador, la capital. Iba todos los domingos a misa y comulgaba, cada primer domingo del mes. A ciegas creía que estaba en lo correcto.

Para seguir estudiando tenía que ir a la Capital, ya que en el pueblo no había más estudios. Mi padre, ya jubilado por el estado, y mi madre se hicieron esfuerzos para que yo continuara estudiando. Fue así como en el año 1967, llegue a vivir junta a mi hermano y a comenzar mis estudios en la Escuela Nacional de Comercio.

Par Obra de Dios vivimos el primer año junto al cuarto donde vivía un hermano evangélico que pronto me comenzó a hablar de la Palabra de Dios. Mi hermano pidió La Cruz y el Puñal al hermano Pablo y lo leí. Un hermano vecino me

Prestaba la Biblia y la comencé a leer. Me dedique a mis estudios y en 1969 me gradúe de Contador.

Mi hermano Cesar emigró a Los Estados Unidos y yo me quede a comenzar la nueva etapa de mi vida: ¡A trabajar ¡ Como cuando la mama pájara suelta a su hijo a volar. Tenía 19 años y venían a mi mente muchas incógnitas. Mi padre había fallecido y mi madre vivía en el pueblo cuidando los pequeños terrenos que el Abuelo le había heredado. Otro hermano me ofreció trabajo en su pequeña fábrica y fue así coma daba mis pininos: Trabaje tres meses, los sentí duros. La vida de estudiante había pasado. En el mes de marzo de 1970, el evangelista Luis Palau llego a El Salvador a celebrar una Campaña Evangelistica en la Iglesia Central de la Misión Centroamericana. Vivía en la casa de otro hermano casado y la esposa de este, me invito a ver un Programa de TV. dedicado a la juventud. Era el hermano Luis Palau en la Pantalla dando consejos y _contestando preguntas por teléfono. Vi el programa en el cual invitaban a la Campana en la Iglesia. El día siguiente estaba yo en la primera banca del Templo escuchando el mensaje. Tenía hambre. Andaba buscando respuesta. Yo sentí que las palabras del Predicador eran coma "Clavos hincados" en mi Coraz6n. Hice mi decisión por Jesucristo Y en ese mismo instante hubo una transformación milagrosa. Sentí una felicidad indescriptible. El cielo había bajado. Mi familia se incomodo por mi decisión. De donde salió esta semilla, dijo mi madre, en la familia no han salido de esos locos. En Mi pueblo no había iglesia evangélica en ese tiempo.          .

Ya creyente me amembré en el Centro Evangelistico, donde asistí 2 años. Dios me dio trabajo como Contador con Time y Life y Reades Digest. - libros - . Comencé a caminar en la vida cristiana: me bautice y recibí el Bautismo del Espíritu Santo.

La oficina donde trabajaba comenzaba a hacérseme una cárcel: Los libros de Contabilidad no eran para mí. El Señor me estaba Llamando para otro trabajo. Después de 2 años en la oficina, ingrese en el mes de Julio de 1972 en el Instituto Bíblico de San Salvador. No tuve valor de decírselo personalmente a mi madre. Le envié una carta. EIla paso varios meses sin hablarme. Mi pensamiento era estudiar 4 meses y luego ir al Seminario Bíblico Latinoamericano en San José, Costa Rica, pues me habían hablado de EL Hice solicitud, me aceptaron, pero Dios tenía para mi otros planes. AI terminar los cuatro meses. Dios me tenía de pastor en un pueblo cercano a San Salvador. Tonacatepeque.

Era toda una nueva experiencia. Me sentía feliz predicando y sirviendo a Dios. En Tonacatepeque comenzaba mi Ministerio: Una familia me recibió, dormía en la sala; ellos eran un amor. Había incomodidades, pero sentía la direcci6n de Dios en mi vida. Estuve por año y medio en este lugar. Había escasez económica.

Nunca había vestido ropa usada. Mis pocos ahorros se terminaron. Fue el lugar donde Dios trata conmigo para enseñarme la dependencia constante de E1.
Después pase a fundar una pequeña Obra en los alrededores de San Salvador. Ayutuxtepeque. Asustado por la experiencia de Tonacatepeque. Dios movió a mi hermano recién casado a compartir el apartamento donde el iniciaba su vida matrimonial. No tenía ni donde dormir. Solo un poco de ropa unos y libros que había usado e  Instituto Bíblico. Mi hermano que había viajado a los Estados Unidos, había

comprado una casa, así que le pedí me la prestara por 3 meses para predicar y así fue.
AI año de predicar (1975) en Ayutuxtepeque, donde ya habían unos 20 hermanos, pase a pastorear por 13 años la Iglesia España en la ciudad de Mejicanos.
Era una iglesia formada con templo. Mi experiencia la considero coma una Universidad para mí.
En 1977 gradúe en el Instituto Bíblico. Un año después (1978) obtuve la Licenciatura en Educación Cristiana. de ISUM-Instituto de Superación Ministerial-. Estudie un año en Guatemala y dos en Costa Rica. El Señor me concedió mi esposa a los 33 años. Mercy, con quien procreamos a Erick Josué de 23 años y Querubina Elizabeth de 22.
Cumplimos 24 años de casados y somas felices sirviendo al Señor.

Primera Graduación de Escuela de Líderes. 2001. Director de la Escuela: Hno. Enrique Barillas.

## MINISTERIOS DESEMPEÑADOS

15 años de Ministerio Pastoral: Tonacatepeque, Ayutuxtepeque y Colonia España. Mejicanos.

Presbítero de Distrito - 4 años- 15 iglesias supervisando. Tesorero Nacional de los Embajadores de Cristo, 4 años

Profesor del instituto Bíblico Betel Central. 20 años

Ejecutivo de Asamblea de Dios. Presbítero de Zona de Depto. La

Paz, San Vicente, Cuscatlán, Cabañas, Santa Ana, La Libertad. Supervisando unas 250 Asambleas de Dios. 12 años.

Rio Janeiro, Brasil. COMIBAN.1986

Templo Cristiano de las AD. Como Director de Educación: Escuela de Líderes y

Colegio Bíblico Celular.

Contador: Asambleas de Dios. –8 años, Time Life – 2 años, Alfalit- 2 años,
Colegios Justo Gonzales- 2 años-  SPM. AD. –2 años

París. Conferencia Evangelistas Intinerantes.1986

# MIS MENTORES

ENRIQUE BARILLAS

A MIS 60 AÑOS

Mentor (en griego clásico Μέντωρ), hijo de Álcimo, personaje de la Odisea.Fue el fiel amigo de Ulises, que quedó encomendado de los intereses del héroe en Ítaca y de la educación de su hijo Telémaco, cuando el héroe partió para la Guerra de Troya.La diosa Atenea adoptó la apariencia de Mentor para acompañar a Telémaco en la búsqueda de su padre.

**El nombre de este personaje ha pasado a la lengua como el de consejero sabio y experimentado o como preceptor.**

Preceptor: sinónimos

* tutor, instructor, educador, maestro, mentor, consejero, guía, ayo

EN MI MINISTERIO ESTOS HAN SIDO UNOS DE  MIS MENTORES:

**JUAN BUENO.**

Mi pastor que me envió al ministerio . 1972. Mi maestro en el IBB en la materia Las llaves del Reino. Libro de texto escrito por él.

**CATALINA DE BUENO**. Mi maestra de libros poéticos en el IBB. 5o  año

**TEODORO BUENO**. Mi maestro de Teología. En el IBB. 5º año

**HAROLD CALKINS**.  Mi director y Maestro en IBB. Teología

**GLEN DAVENPORT**. Mi director y Maestro en IBB. Psicología.

**ELENA DE DAVENPORT**. Mi maestra. Educación Cristina. Escuela Dominical

**DAVID GRAMS**. Mi Director y maestro de INSTITUTO DE SUPERACION MINISTERIAL. Post Grado del IBB. Maestro de Ciencias de la Comunicación, Homilètica Avanzada. Habacuc

**FLOY WOODWORTH.** Maestro Técnicas de investigación- Costa Rica-, Isaías,

Composición Literaria.

**ROY SMEYA.** Mi maestro del SEC. Educación Cristiana. Plan Básico América Latina

**GUSTAVO GALDÀMEZ.** Mi maestro de Teología. 4, 5, 6 años IBB. Cuando él era Srio. Tesorero, yo era el contador de la CEAD. Ministró mentaría con su ejemplo.

**FIDEL AMAYA.** Mi superintendente. A pesar de poca educación académica fue ejemplo de vida cristiana y liderazgo.

**JUAN BENAVIDES.** Mi Maestro de Profetas Mayores. El ejecutivo amigo. "No sé nada de esto", me dijo cuando le eligieron srio.tesoro... No se preocupe, le dije, Ud. Solo va a firmar los cheques.

**ESAU GARCÌA.** Mi Director. Cuando enseñé en el IBAPES. Toda la Biblia. Libro por libro a estudiantes de 5º y 6º años .Alumnos pastores en el oriente de El Salvador.

**RAÙL DURON.** El amigo bromista.Secretrio Ejecutivo de Sociedades Bíblicas. Me enseñó orígenes bíblicos. Sus hijos todos amigos. Eran niños cuando yo pastoreaba en la asamblea cercana a su casa. Raúl Jr., Director de un Liceo Cristiano; Pablo, Srio.Sociedades Bíblicas; Luis, Médico Neumólogo y el misionero USA en Japón.

**RAFAL WILLIAMS.** Cuando me enseñó en 6º año de Instituto, junto a su segunda esposa, Loida Stewart de Williams

**MENTORES AMIGOS.**

Enrique magaña, Fidel Molina, Rigoberto Funes, Will Cabrera

A los 60 años de Vida Doy gracias a Dios por estos modelos a seguir en mi ministerio cristiano.

BENDICIONES A TODOS

KIKE

TU MENTOR SE LLAMA JESUS........

Margarita Orellana

TU MODELO.JESUS DE NAZAREY......TU MAESTRO EL MISMO JESUS.....TU GUIA Y TU PADRE JESUS........LOS DEMAS HERMANOS Y TU SOLO SON INSTRUMENTOS DEL REY DE REYES Y SEÑOR DE SEÑORES.......EL ESPERA POR TODOS NOSOTROS, PUES SE HA EXTENDIDO TANTO EL EVANGELIO QUE SOMOS MILLONES....EL NOS HAGA HUMILDES DE CORAZON PARA SER LOS QUE NOS VAYAMOS EN EL RAPTO DE SU IGLESIA.   bendiciones hermano quique

ENRIQUE BARILLAS
DIRECCIÒN:
CALLE JABALÌ. POLG. F -6
JARDINES DE LA SABANA. SANTA TECLA
T. 22-785506
barillasenrique@gmail.com

KIKE MERCY: ERIC, QUERLI 1999

JUVENTUD ACUMULADA: GOBIERNAN EL MUNDO

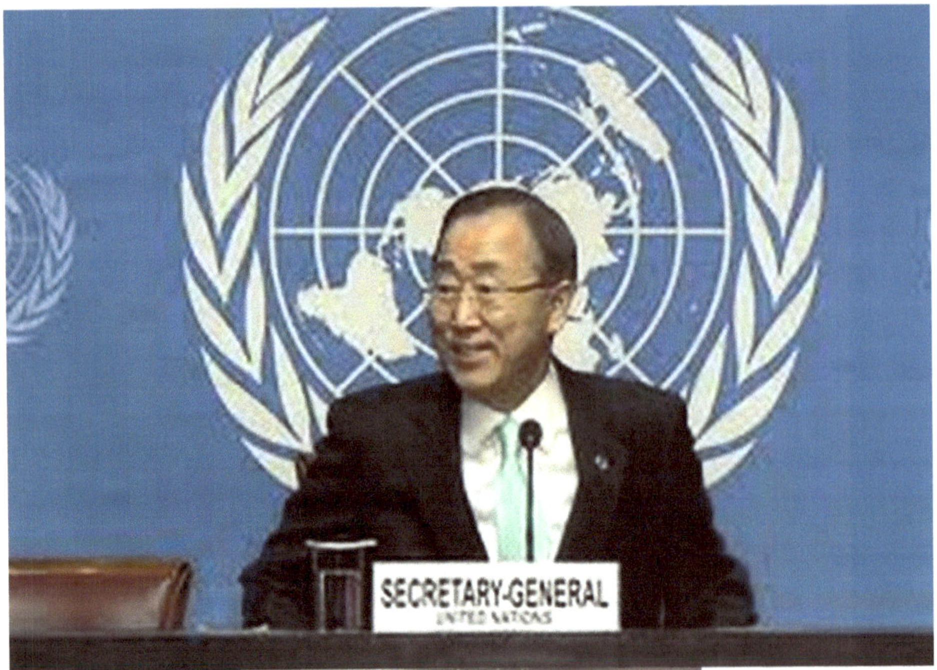
SECRETARY-GENERAL
UNITED NATIONS

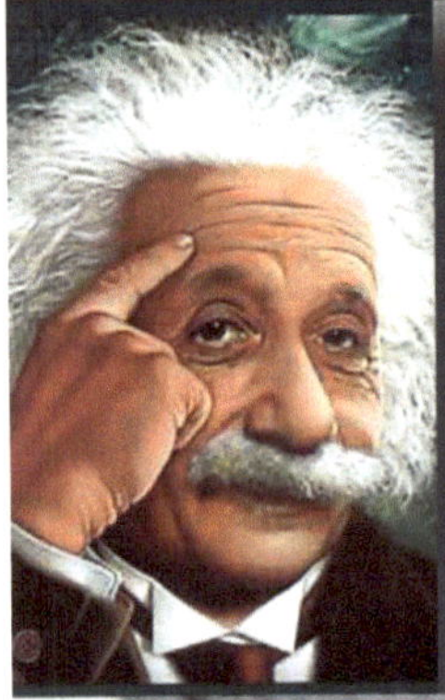

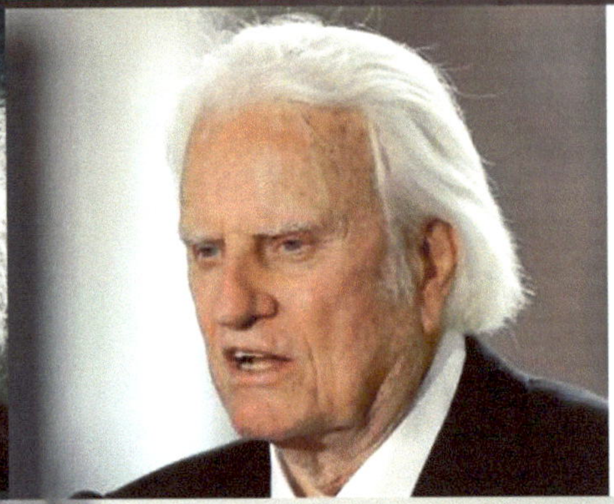

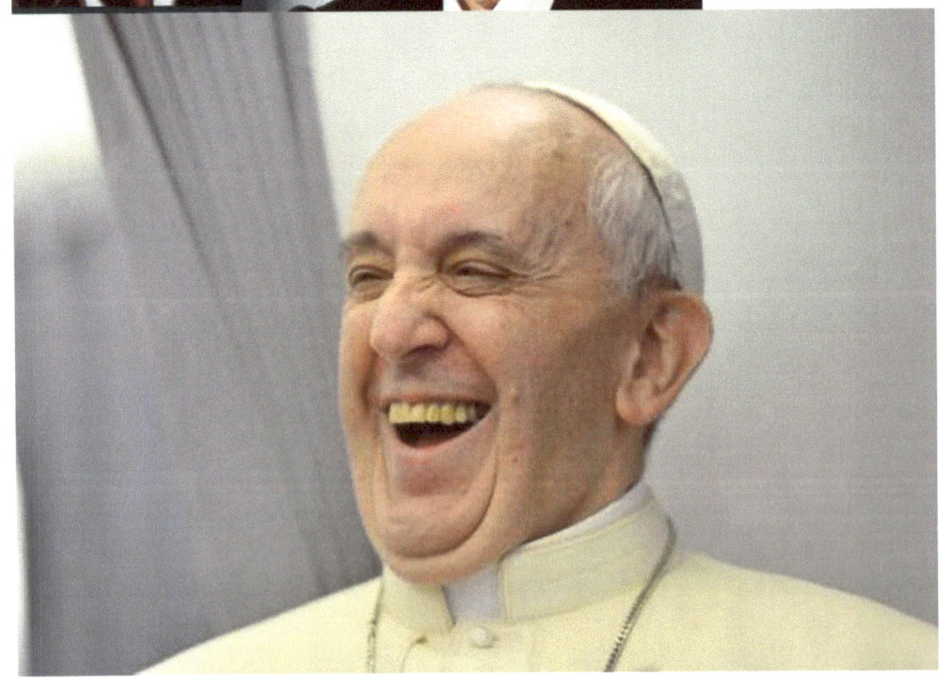